Günter Engelhardt

Jüdische Begegnungen

12 Erlebnisse eines Berliners aus dem 20. Jahrhundert

Literareon

Bibliografische Information der Deutschen Nationalbibliothek:
Die Deutsche Nationalbibliothek verzeichnet diese Publikation
in der Deutschen Nationalbibliografie.
Detaillierte bibliografische Daten sind im Internet über
http://dnb.d-nb.de abrufbar.

Coverabbildung und Abbildungen von Evelyn Gmelin · evelyn.gmelin@t-online.de

Printed in EU
Literareon im Herbert Utz Verlag GmbH
Tel. 089 – 30 77 96 93 | www.literareon.de

ISBN 978-3-8316-1635-0

Der Inhaltsüberblick

Sämtliche Ähnlichkeiten mit lebenden
und gestorbenen Personen sind zwar nicht zufällig,
aber dennoch fiktiv!

Prolog

Jüdische Begegnungen verspricht der Titel. Die Geschichten erzählen Erlebnisse aus dem Leben des Berliners Fritz Weise. Manche sind nur kurze Episoden, die aber zeigen, wie das Leben im Miteinander möglich war und ist. Der Zeitraum ist das 20. Jahrhundert, ein Jahrhundert überschattet vom Holocaust, verbunden mit Schuldgefühl oder Verlegenheit, wenn das Wort „Jude" ausgesprochen wurde. Hier soll jedoch in Erzählungen dargestellt werden, wie Begegnungen positiv erlebt wurden, vorurteilsfrei und in gegenseitiger Toleranz. Der 1921 geborene Autor, Günter Engelhardt, lässt Persönliches einfliessen, Erinnertes wird zurückblickend versöhnend dargestellt. Für manch kritischen Zeitgenossen mag manches naiv, aber in seiner charmanten Form wirken; das darf sein, denn das Gesamtwerk soll auch einen Einblick in den Alltag des letzten Jahrhunderts ermöglichen.

Seine Tochter, Evelyn Gmelin, versprach Bilder dazu. Bei der Auseinandersetzung mit dem Thema fiel die Wahl auf den Davidstern. Die unbefangene Beschäftigung mit der Form aus zwei gleichschenkligen Dreiecken bietet so vielfältige Möglichkeiten, dass sie dieser Geometriespielerei nicht widerstehen konnte. Der Gedanke der Diaspora soll mit den zwölf Bildteilen angeregt werden. Jeder einzelne Teil kann für sich gelten, beim Gesamtbild entsteht der Stern sogar mehrfach. Das Titelbild besteht aus neun Teilen und ergibt einen Stern.

Wir hoffen gemeinsam auf offene Leser- und Betrachteraugen.

Eine rettende Therapie und ihre positiven Folgen

In der ersten Geschichte gibt es gleich eine wichtige, jüdische Begegnung nach der Geburt unseres Protagonisten und ein Kindheitserlebnis endet mit einem freudigen Wiedersehen kurz nach der Wende.

Im Jahr 1920 wurde Fritz Weise in Berlin, im damals sogenannten „alten Westen" geboren. Die Gegend heisst heute „Kreuzberg". Der Säugling bereitete jedoch seinen Eltern grossen Kummer. Er hatte nicht nur den oft vorkommenden Milchschorf, es war eine Skrofulose, die den ganzen Körper überzog. Seine Mutter musste den Kinderwagen zudecken, damit keiner ihr hässliches Baby sah, wenn sie es auf dem Kreuzberg ausführte. Sie sei von „Pontius zu Pilatus" gelaufen, aber kein Arzt konnte ihr helfen, denn deren Mienen wurden immer ernster.

Aber dann rettete ein jüdischer Arzt ihr Kind durch richtige Medizin und entsprechende Ernährung. Fritz wurde ein normales Baby wie alle anderen. Diese wundersame Heilung löste bei den Eltern nicht nur grosse Dankbarkeit aus, sie erzählten fortan bei jeder Gelegenheit, dass ein jüdischer Arzt ihr Kind gerettet habe. Doch die Zeit ging weiter. Inflation und Weltwirtschaftskrise hatten den Bankrott des Geschäfts am Kreuzberg bewirkt. Familie Weise, es waren nur die drei, wohnte jetzt in einem Hinterhaus am Gesundbrunnen und der Vater war Langzeitarbeitsloser. Doch Fritz war inzwischen Quintaner an einer Oberrealschule in der Badstrasse, denn er war, wie man so sagt, ein helles Kerlchen. Im gleichen Haus wohnte „vorne raus“ Familie Lasnitzki in einer Vierzimmerwohnung. Auch sie hatten nur einen Sohn, Heinz. Der war in der gleichen Klasse und beide waren gut befreundet.

Vater Lasnitzki hatte in der Badstrasse einen Laden, in dem er im Winter Geflügel und im Sommer Speiseeis verkaufte, und das Geschäft ging gut. Heinz hatte einen Tretroller aus Metall mit Luftreifen. Fritz hatte nur einen Holzroller. Beide tauschten je nach Wunsch aus, wenn sie um den Häuserblock sausten. Heinz war jüdisch, aber das machte ihn für Fritz eher interessant. Ihm gefiel dessen dunkler Haarschopf, wenn sie bei Regenwetter am Tisch bei Lasnitzkis die Köpfe zusammensteckten und „Mensch ärgere dich nicht!“ spielten. Heinz gefiel der blonde Junge, der wegen seiner Zierlichkeit nichts vom furchterregenden Deutschtum hatte. Vater Lasnitzki war froh über die Freundschaft seines doch ein bissel isolierten Buben.

Vater Weise meinte, der kleine Lasnitzki sei ein „janz joldiger Junge“. Jeweils im Frühjahr war der Laden wegen der Umstellung auf die Sommersaison für einige Tage geschlossen. Beim Wechsel 1936 blieb der Laden zu. Die Familie war weg. Fritz empfand den Verlust eines Freundes, gepaart mit Ahnungen von Unheil. Doch sein Vater tröstete ihn und sagte: „Lass man, mein Junge, die sind mit ihrer janzen Mischpoke ab nach Afrika. Iss ooch besser so; denn der Hitler iss ja meschugge. Wer weess, wat der noch allet ausbaldowert. Et waren übrijens sehr ordentliche Leute.“ – Fritz verstand, auch die jiddischen Wendungen.

Die Zeit ging weiter. Der Zweite Weltkrieg war mit dem von Fritz erahnten Unheil über Europa gekommen. Nach seinem Ende war überall der Wiederaufbau. Fritz hatte sein Studium beenden können, hatte ein liebes Mädchen aus dem Hessenland geheiratet, war Lehrer geworden und hatte nach seiner Pensionierung noch den Fall der Mauer erleben dürfen.

Seit der Wiedervereinigung reiste das Ehepaar Weise oft in die Bundeshauptstadt, die Fritz endlich seiner Hedi in jeder Hinsicht zeigen wollte. Sie waren heute zum Müggelsee gefahren, um auf Friedrichshagen und Köpenick zu sehen und sich am grossen waldumrandeten See zu erfreuen. Sie stiegen deshalb auf den Müggelturm, einem beliebten Ausflugsziel, von dem man weit in die reizvolle Landschaft blicken kann. Er sagte zu seiner Frau: „Berlin war noch nie die schönste Hauptstadt Europas, doch sie galt als die Hauptstadt mit der schönsten Umgebung." Da entdeckten sie am anderen Ende der Aussichtsplattform eine Gruppe Touristen. Ein Mann sagte gerade zu einem Ehepaar: „Sehen Sie, Herr Lasnitzki, wir sind jetzt auf dem höchsten Berg von Gross-Berlin und damit 150 Meter über dem Meeresspiegel."

Fritz Weise war plötzlich ganz aufgeregt. Er ging mit seiner Frau hinüber zu der Gruppe und sah den Angesprochenen ganz fest an. Dann sagte er langsam, aber herzlich: „Heinz Lasnitzki aus der Badstrasse." – Der andere blickte ihn auch ruhig an und sagte in freudigem Erkennen: „Mensch, der jute Fritze Weise aus der Zeit am Gesundbrunnen." – Er reichte Fritz die Hand und beide hielten sich lange fest. Die beiden Ehefrauen überbrückten die eingetretene Verlegenheit durch ein harmloses Gespräch, denn die Männer waren immer noch still.

Am nächsten Tag sassen beide Ehepaare in einem Berliner Weinlokal bei einem fröhlichen Wiedersehensmahl. Als sie nach dem Essen bei einem Glas Wein von ihrem Leben erzählten, meinte Heinz, dass man den Vätern dankbar sein müsse, denn der seine habe die Gefahr rechtzeitig erkannt und verliess mit seiner Familie Hitler-Deutschland. Die erste Zeit in Israel sei zwar hart gewesen, er habe als junger Mann in einem Kibbuz gearbeitet. Im Laufe seines Lebens habe er es aber immerhin zu einer guten Stellung bei einer Import-Export-Firma gebracht, dabei ergänzte er humorvoll, das Handeln hätte er wohl vom Vater geerbt.

Fritz erzählte dann seine Lebensgeschichte. Er bestätigte nachhaltig, dass man den Vätern dankbar sein müsse. Seiner habe ihn damals durch seine Ablehnung des Nazi-Systems vor falscher Begeisterung bewahrt. Man habe allerdings nicht den Mut des offenen Protests aufgebracht wie etwa die Geschwister Scholl. Es reichte für die Familie Weise nur zu einer Art innerer Emigration, aber was wäre mit ihm und den Seinen geschehen, wenn ...? Heinz konnte seinen Freund verstehen und alle Vier waren dankbar für ihr Sich-Wiederfinden und für hoffentlich noch lange Zeit gemeinsamen Weiterlebens in Freundschaft.

Der Bode und die Tafelrunde

Die zweite Geschichte beschreibt ein Stimmungsbild vor dem Zweiten Weltkrieg, begegnet einem halbjüdischen Künstler und führt doch zu einem guten Ende im wiedervereinten Deutschland.

Im Berliner Bezirk Pankow, wo in stillen Strassen Häuser aus der Gründerzeit stehen, wohnte die Tante von Fritz Weise. Es war Tante Erna, die mit ihrem Mann Karl Wagner ein schmuckes Esslokal betrieb. Paul, ihr Sohn, war der etwas jüngere Cousin von Fritz. Beide Familien besuchten sich oft gegenseitig. Das Lokal lag in einer Seitenstrasse im Grünen und war ein beliebter Ausflugsort. Innen lag hinter der Gaststube ein grosses Vereinszimmer. Dort hing eine Kopie von Menzels „Tafelrunde Friedrich des Grossen in Sanssouci". Die Wirtin hatte das Bild von ihrem Vater geerbt, der vor dem Ersten Weltkrieg ein begüterter Fabrikant war.

Um 1930 war Max Bode, ein allein lebender Kunstmaler, Stammgast in diesem Lokal. Er gewann hie und da Preise und der Bezirk Pankow bevorzugte seine Bilder in öffentlichen Räumen. Sein Ruhm war jedoch begrenzt. So nahm er oft ein preiswertes Mittagsmahl ein und es entstand ein vertrautes Verhältnis zum Wirtsehepaar Wagner. Beide gaben zu, in der Kunst keine Kenner zu sein. Sie fanden die „Tafelrunde" einfach schön für das Vereinszimmer. Erst als Max Bode die Kopie eingehend geprüft hatte und versicherte, es sei eine sehr frühe, in allen

Einzelheiten gewissenhaft ausgeführte Arbeit, bekamen sie Respekt vor dem Bild. Er selbst vertrat damals eine expressionistische Malweise. Seine Bilder wurden vor allem wegen ihrer Ausdruckskraft anerkannt. So urteilten auch die Wirtsleute, wenn er ihnen ein Bild zeigte, das er gerade bei sich hatte, weil er es irgendwo hinbringen wollte.

Nach 1933 wirkte der Gast bedrückt und bestellte stets die billigste Mahlzeit. Wagners wussten warum. Bode galt jetzt als entartet. Die Wirtin stellte ihm, wenn er kam, eines der guten Gerichte hin und sagte, das sei heute im Preis heruntergesetzt. Der Wirt, Karl Wagner, vergass „aus Versehen", das Bier zu berechnen. Während des Essens beschränkten sich die Gespräche auf das Wetter.

Im Sommer 1936 kam eines Tages ein Junge in das Lokal, lieferte ein verpacktes Bild ab und gab Herrn Wagner einen Brief. Die Eheleute öffneten das Paket. Das Bild zeigte einen Strauss roter Blumen auf unscharfem Hintergrund. Beide waren sofort begeistert. Sie empfanden die unerhörte Lebendigkeit als „ganz toll". Im Brief dankte Herr Bode für die Gastwirtsfreundschaft, die er mit seinem Bild „Roter Strauss" entgelten wolle. Um helleres Licht und freundliche Farben zu erleben, sei er für längere Zeit gen Süden verreist und wolle sich mit diesen Zeilen verabschieden. Wagners wussten, was dies bedeutete, und er sagte: „Der Bode ist emigriert. Seine Malweise passt denen heute nicht. Ausserdem war seine Mutter Jüdin." Das Bild hängten sie an eine zweite Wand im Vereinszimmer und es hiess für beide hinfort „Der Bode".

Im Herbst 1937 wollte eine Einheit der SS das Lokal mittwochs zum Versammlungsort machen. Bei der vorherigen Besichtigung verlangte jedoch der Scharführer, die Schmiererei des Kulturbolschewisten und Halbjuden im Vereinszimmer sofort zu entfernen, sonst könne man für das Bild und das Mobiliar nicht garantieren. Der Menzel aber sei in Ordnung. Die Drohung war klar und noch vor dem nächsten Mittwoch hing der Bode in Wagners Schlafzimmer in der Wohnung über dem Lokal.

Mittwochs wurde nun im Vereinszimmer laut gesungen und einer der Männer hämmerte aufs Klavier. Nach drei Gläsern Bier schrie man stehend „Heil!", mit ausgestreckter Hand vor dem, an Stelle des Bode aufgehängten Hitler-Bild und nach zackiger Kehrtwendung wurde vor dem Bild mit der Tafelrunde soldatisch salutiert. Bei Kriegsausbruch sangen die noch nicht zum Kampf Eingezogenen:

„Nu adieu Luise, wisch ab das Gesicht,
eine jede Kugel, die trifft ja nicht;
denn träfe jede Kugel apart ihren Mann,
woher nähmen die Könige ihre Soldaten dann."

Nun, die Kugeln trafen und die Soldaten wurden genommen. 1945 waren alle Männer eingesetzt, Karl Wagner musste zum Volkssturm, der Sohn war an der Westfront. Mutter Wagner und die treue Hilde, seit Jahren Küchenhilfe und guter Geist, führten das Lokal. Bevor die Russen kamen, nahmen beide Frauen den Menzel und stellten ihn in den Kleiderschrank. Es waren die Tage des Kampfes um

Berlin, in denen das Original verbrannte. Karl Wagner fiel im Kampf um Berlin.

Der Sohn Paul blieb nach Kriegsende im Westen. Er wurde Bauingenieur, heiratete und arbeitete dann in Bremen. Mutter Wagner und Hilde blieben in der unzerstörten Wohnung. Das Lokal unten war jetzt ein HO-Laden. Die Frauen lebten von ihren schmalen Renten, Paul half von Westdeutschland.

1970 fand im Rathaus Pankow eine Bode-Ausstellung statt. Man wollte die Werke des von den Nazis vertriebenen und verschollenen Antifaschisten noch einmal zeigen. Doch das Echo blieb angesichts der Kühnheit der Bilder staatlich gezähmt. Mutter Wagner lebte nicht mehr, aber Hilde hütete die Wohnung. Sie las von der Ausstellung in der Zeitung und war stolz, dass sie das Bild für den Sohn aufbewahrte, denn sie durfte aus dem sozialistischen Staat kein „Kulturgut" ausführen.

Weihnachten 1989 war die Mauer gefallen. Paul Wagner fuhr mit seiner Frau nach Berlin. Sie besuchten auch Hilde, die einen kleinen Vorrat an Erbgut, wie sie es nannte, zusammengestellt hatte, obenan der Bode. Paul legte alles in den grossen Kofferraum seines Autos, auch die Menzelkopie, die man fast vergessen hätte. Mutter Wagners Sterbeurkunde und Max Bodes Brief wurden für einen allfälligen Bedarf eingesteckt. Im Strom des zurückflutenden Weihnachtsverkehrs ging es problemlos gen West und beide Bilder landeten in Pauls Einfamilienhaus bei Bremen. Jetzt hängt der Bode im Arbeitszimmer und die Tafelrunde schmückt das Esszimmer.

Wagners laden oft Gäste ein. Neulich war unter ihnen ein Kunstkenner. Den „Roten Strauss“ lobte er sachlich und fachlich. „Aber“, sagte er, „dass eine so hervorragende Kopie von Menzels Tafelrunde dein Eigentum ist, wovon das Original in den letzten Kriegstagen zerstört wurde, darauf kannst du dir etwas zugutehalten, denn das ist eine Rarität.“ – So ist das eben mit der Kunst …

Dr. Becker

In der dritten Geschichte begegnen wir einem untypischen Juden in der Schulzeit vor dem Zweiten Weltkrieg. Das tragische Ende erfahren wir beim Klassentreffen der Übriggebliebenen.

Fritz Weise hatte Französisch als erste Fremdsprache. Ostern 1931 begann das neue Schuljahr mit einem Lehrerwechsel: Zu den Sextanern kam Dr. Becker in die Klasse; da waren alle erschrocken, weil er sich an zwei Gehhilfen hereinschob, dann beim Lehrertisch die Stöcke abstellte, sich setzte und mit anregender Gebärde „Asseyez-vous" sagte. Alle waren wie üblich aufgestanden und setzten sich nun verdutzt hin. „Ihr könnt ja schon Französisch", sagte Dr. Becker lachend und da war das Eis gebrochen. Bereits in den ersten Stunden empfanden ihn alle als PRIMA, denn sein Unterricht war modern, flott und möglichst in direkter Methode. Nach wenigen Stunden Unterricht sangen alle im Chor das Lied:

> „Au clair de la lune, mon ami Pierrot,
> Prête-moi ta plume pour écrire un mot.
> Ma chandelle est morte, je n'ai plus de feu,
> ouvre-moi ta porte, pour l'amour de Dieu."

Grammatik und Konstruktion des Textes wurden noch nicht recht erfasst, aber was gemeint war, wusste man schon und es sang sich so schön. Die Aussprache lag ihm sehr am Herzen, so rief er die Schüler einzeln nach vorn und sprach dann zu dem Betreffenden:

„Montre, Mund weit auf, montre!“

Dabei sah er zum Fenster und sprach noch einmal vor. Man musste ihm dann auf den Mund sehen und wiederholen, anschliessend setzte man sich wieder. An seinem Anzug trug er am Revers ein kleines eisernes Kreuz und ein Verwundetenabzeichen. Wir hörten, dass er sich im Ersten Weltkrieg als Offizier ausgezeichnet hatte und schwer verwundet wurde, daher die Gehbehinderung. Doch sein Unterricht war eben PRIMA. Später ergänzte er seine moderne Methode durch Schallplatten, das war damals etwas ganz Neues. In der letzten Stunde vor den Ferien las er allen ein Kapitel aus Selma Lagerlöfs „Nils Holgersson“ vor, was den Sextanern und auch noch Quintanern immer eine Vorferienbelohnung war.

Dabei übersetzte er einen ihm vorliegenden schwedischen Text. Nach der Stunde durfte man vorn am Tisch bei ihm den Originaltext selbst zur Hand nehmen. Er war eben einfach KLASSE! Ab Quarta behielten ihn die Schüler sogar in Englisch.

Ab 1933 war allerdings die unbeschwerte Zeit vorbei. Man munkelte, dass Dr. Becker jüdisch sei. Die Klasse konnte das nicht verstehen, denn er war rotblond und hatte Sommersprossen. Doch altkluge Jungnazis in der Schule verbreiteten hämisch, er sei eben von der galizischen Sorte, bei denen merke man es nicht so. Noch jedenfalls blieb er als Lehrer erhalten. Erst 1936, nach der Olympiade, wurde es anders: Es gab plötzlich neue Lehrer in Französisch und Englisch. Dr. Becker war weg. Es kreisten Gerüchte über seinen Verbleib. Manche sprachen von Rausschmiss und KZ, einem Arbeitslager, wie damals gesagt wurde. Andere meinten, ein Parteigenosse, der natürlich „ein anständiger Kerl" sei, habe dafür gesorgt, dass er in die Schweiz emigrieren konnte. Fritz hielt sich an die zweite Fassung.

In der Unterprima wurde verkündet, dass die Oberprima durch Ministererlass entfällt, und im März 1939 sei die Reifeprüfung. Es drohte Unheil und man ahnte, dass Hitler Kanonenfutter brauchte. Fritz bestand das Abitur und im September begann der Zweite Weltkrieg …

Im Jahre 1989 sollte das 50jährige Abitur begangen werden. Fünf waren noch der Rest von 17 auf dem letzten Klassenfoto. Einer von ihnen war als Kampfflieger abgestürzt, einer war als Fähnrich zur See mit der „Bismarck" untergegangen, drei waren im Westen, sieben in Russland gefallen oder vermisst. Schnell wurde vereinbart, dass alle, die mit der Mittleren Reife abgegangen waren, auch eingeladen wurden. Obwohl von denen ebenfalls die meisten nicht mehr lebten, traf sich nach vielen Anfragen und Rundschreiben im Mai 1989 eine fröhliche Gesellschaft in einem Gartenrestaurant im Grunewald mit ihren Ehefrauen. Alle waren guter Dinge, besonders die Ehefrauen trugen zur Belebung des Ganzen bei. Viele Geschichten der erlebten 50 Jahre machten erzählend die Runde. Bei denen, die nach der 10. Klasse abgegangen waren, interessierten besonders die ersten Jahre.

Einer davon, Horst Helfrich, sprach auch von Dr. Becker. Fritz lauschte mit besonderem Interesse. Es war ganz anders, als er vermutet hatte. Das mit der Schweiz war eine zu schöne Illusion. Dr. Becker und seine Frau, ein kinderloses Ehepaar, wohnten unweit der Wohnung von Horsts Eltern in einer Strasse nahe der Schule. Frau Becker machte die kleinen Besorgungen für den täglichen Bedarf.

Als der Zwang mit dem Judenstern kam, übernahmen gut gesonnene Nachbarn die kleinen Erledigungen, denn Beckers sollten unauffällig bleiben. Horst Helfrich ging bei Bedarf zu seinem Lehrer, der wegen seiner Behinderung ohnehin schlecht laufen konnte, und half ihm, wo immer nötig. Doch das System arbeitete gründlich. Die Blockwarte der NSDAP spionierten alle Mieter genau aus und meldeten alle Vorkommnisse weiter. Sie warnten alle Nachbarn, keine Juden zu verstecken. Die bisherigen Helfer entfielen. Auch Horst Helfrich stand unter Beobachtung. Als er dann zur Wehrmacht eingezogen wurde und Uniform trug, verboten sie ihm, weiter als „Judenknecht" tätig zu sein, sonst seien entsprechende Massnahmen die Folge. Bald entfielen alle weiteren Kontakte, denn Horst wurde zum Kriegseinsatz eingezogen und kam an die Front. So musste auch er wie wir alle vor dem teuflisch perfekten System kapitulieren und er nehme an, dass Dr. Becker und seine Frau auch Opfer der Judenvernichtung wurden.

Als Horst Helfrich seinen Bericht beendet hatte, wurde uns allen noch einmal bewusst, welchem satanischen Diktator wir zwölf lange Jahre ausgeliefert waren, und auf dem fröhlichen Treffen zum Goldenen Abitur 1989 blieb der dunkle Schatten der Ereignisse vom sogenannten „Dritten Reich“ …

Der Tag nach der „Reichskristallnacht“

Die vierte Geschichte versucht durch Situationsschilderung, Unfassbares in Worte zu fassen.

Berliner Jungen sind immer auf dem „Quivive“ und wollen wissen, wo was los ist. Deshalb fuhr der Schüler Fritz Weise am Nachmittag des 10. November 1938, gleich nach der Schule, mit der S-Bahn vom Gesundbrunnen nach Westkreuz und dann durch die Stadt in Richtung Zoologischer Garten. Man hatte vereinbart, dass er einen Kurzbesuch bei den Grosseltern machen sollte.

Auf der Fahrt erinnerte sich Fritz, wie er mit den englischen Austauschschülern auf der Rückfahrt von London nach Berlin, im Juli dieses Jahres, in Aachen angekommen war und wie sie alle mit dem Gepäck an einem Spalier von SS-Männern vorbei zur Zollkontrolle traben mussten. Dies war den deutschen Schülern sehr peinlich, denn auch die englischen Mädchen mussten ihre zum Teil schweren Koffer mitschleppen. Die Kontrolle verlief dann mit typisch deutscher Gründlichkeit, bis sie endlich weiter mit ihrem Zug nach Potsdam fahren konnten. Von da an ging es mit der S-Bahn in die Stadt. Und hier war es für die Engländer sehr spannend, dass man durch die Stationen in Höhe der Dächer der Häuser fuhr und schon viel gucken konnte. Genau diese Strecke fuhr die Bahn heute zum Zoo.

Es hatte sich schnell herumgesprochen, was sich gestern in Berlin abgespielt hatte. Von der SA und der Presse aufgehetzt, waren die Fenster jüdischer Läden zertrümmert worden, es wurde geplündert und weitere Stosstrupps der SA zündeten bis in den Abend Synagogen an und schändeten.

Einige Leute im Zug sprachen von dem Geschehen. Nach der Station Charlottenburg sah man die rauchenden Trümmer der Kuppel einer Synagoge. Alle gingen zur Fensterseite, auch Fritz. Nur drei SA-Männer in Uniform blieben sitzen und gaben vor, ein wichtiges Gespräch zu führen. Die anderen blickten hinaus. Fritz hörte Berliner Meinungen. Ein Mann sagte: „Also, ick weess nich, wat det soll ..." Eine Frau war ganz seiner Meinung und sagte: „Musste denn det nu sinn?" – Ein anderer fügte hinzu: „Ick will ihnen mal wat sagen – (Pause) – ick sage lieba nischt, ick denk mir mein'n Teil." Manche blieben stumm.

Als Fritz mit der Menge vom Bahnsteig her nach unten und dann nach draussen ging, fühlte er sich ganz elend. Er nahm, wie mit den Eltern vereinbart, eine Taxe. Berliner Taxifahrer sind echte Originale und erzählen im Berliner Jargon von den letzten Ereignissen in der Stadt mit humorigen Bemerkungen. Heute zeigte er nur seinen Rücken und jonglierte den Fahrgast stumm durch den Verkehr. – Berlin war anders geworden. –

In Moabit stieg Fritz aus und machte seinen Kurzbesuch bei den Grosseltern. Für den Rückweg nahm er wieder die S-Bahn bis Gesundbrunnen.

Yehudi Menuhin

Die fünfte Geschichte kann endlich nach dem Zweiten Weltkrieg beginnen und enthält, besonders durch die jüdische Begegnung, sehr viel Hoffnung und Zuversicht.

Im Jahr 1946 waren junge Männer, die obendrein gesund waren, eine Rarität in den öffentlichen Verkehrsmitteln Berlins. Die Männer waren entweder gefallen oder noch in Gefangenschaft. Aber seit Januar war die Universität wieder geöffnet. Zu den Gesunden gehörte auch Fritz Weise. Er war 1945 nach seiner Entlassung aus englischer Kriegsgefangenschaft auf abenteuerliche Weise in seine Heimatstadt Berlin gelangt. Fritz empfand grosses Glück, dass er zu denen gehörte, die schon mit der Wiedereröffnung der Universität das durch den Krieg unterbrochene Studium fortsetzen konnte.

Trotz Trümmern, Ruinen und Hunger fühlten die Berliner sich vom Schrecken des Krieges befreit und nahmen an kulturellen Angeboten regen Anteil, denn alles war neu und frei. Die vier Besatzungsmächte boten in ihren Sektoren ihr Bestes. Im amerikanischen Sektor gab es zum Beispiel mit Joana Gorvin ein Stück von Thornton Wilder: „By the Skin of our Teeth", zu Deutsch: „Wir sind noch einmal davon gekommen", ein Theaterstück, das genau die damalige Situation festhielt und den Gefühlen der Berliner entsprach.

Etwas Besonderes für ganz Berlin war ein Konzert im Marmorhaus, einem unzerstört gebliebenen Filmpalast gegenüber der Ruine der Gedächtniskirche. Auf dem Programm stand ein Violinkonzert des russischen Komponisten Schostakowitsch. Sergiu Celibidache, ein rumänischer Dirigent, leitete das Orchester und Solist war der weltberühmte jüdische Geiger Yehudi Menuhin. Fritz Weise sass dort im ersten Rang und blickte hinunter auf das Orchester. Das Publikum war sehr beeindruckt, dass ein jüdischer Künstler ein Jahr nach Kriegsende nach Berlin gekommen war. Mit den ersten Klängen der Solopassagen liess Fritz die Musik auf sich einströmen. Eine wunderbare Befreiung überkam ihn und im Ablauf der Sätze durchfloss ihn ein Strom der Erinnerung. –

Da waren im Krieg die Gespräche mit den Kameraden, bei denen man grösste Vorsicht walten lassen musste, denn seit dem misslungenen Attentat auf Hitler am 20. Juli 1944 waren fanatische Nationalsozialisten darauf aus, Zersetzer der Wehrkraft anzuzeigen. Nach dem Kriegsende und der Entlassung aus der englischen Gefangenschaft hatte er Angst, bei der abenteuerlichen Flucht nach Berlin durch die sowjetische Zone von den Russen erwischt zu werden, weil man dann sofort nach Russland transportiert wurde. –

Die erneute Hinwendung zur Musik liess seine Gedanken von Zwang und Gefahr abklingen. Nach dem letzten Ton des Orchesters gab es lauten, nicht endenden Beifall, während Yehudi Menuhin sich dankend verbeugte. Einige im Publikum konnten ihre Tränen nicht zurückhalten. Auch Fritz war tief bewegt. Dieser so zierlich wirkende Mann hatte ihnen allen die Zuversicht auf kommenden Frieden gegeben.

Der geheimnisvolle Spruch

Die sechste Geschichte erzählt uns von einer frühen, jüdischen Begegnung im Elternhaus der grossen Liebe von Fritz Weise.

Der Frieden kam und mit ihm die Wirtschaftswunderjahre. Fritz hatte bei einem Kurs zur Erlernung der Demokratie, den die Amerikaner anboten, ein liebes Mädchen aus dem Hessenland kennengelernt. Für ihn kam nun eine echte Sturm-und-Drang-Zeit, er konnte Begonnenes abschliessen, heiratete bald sein Hessenmädchen Hedi und gründete eine Familie. Sein Lebensmittelpunkt verschob sich langsam nach Hessen. Da war viel Unruhe, aber auch viel Zuversicht.

Bei einem Besuch im Elternhaus seiner jungen Frau in einem schmucken Dorf in der Wetterau, fiel Fritz eines Tages im Hauseingang ein merkwürdiger Spruch auf:

> „TOT EDNUERF ENIEM ELLA NERAW AD
> TON NI MAK REBA HCI AD
> NEDREW EDNUERF ENIEM ELLA NETLLOW AD
> NEDRE FUA HCIER RAW HCI AD“

Er war schön gestickt in gotischer Schrift und hing an der Wand in einem Holzrahmen, er ergab aber keinen Sinn, so fragte er Lina, seine Schwiegermutter danach.

Lina war gern bereit, dies zu erklären und sagte: „Ich

wurde hier auf einem Dorf geboren und da hing dieser Spruch in der Stube meiner Eltern. Wie er dorthin gekommen ist, weiss ich nicht mehr. Noch weit vor Hitler kamen jüdische Viehhändler regelmässig zu den Bauern in den Ort. Daraus ergaben sich Bekanntschaften, die in manchen Fällen sogar zu Freundschaften wurden. Vielleicht war das Bild mit dem Spruch eine Art Geschenk für die guten Geschäfte, die man miteinander gemacht hatte." Hier unterbrach Hedi ihren Bericht, holte den Spruch vom Flur und fuhr fort: „Dieser Text faszinierte mich schon als Kind in seiner scheinbaren Sinnlosigkeit. Erst später wurde mir klar, dass ich ihn nur von rechts nach links und von unten nach oben lesen musste, dann ergab sich ein echter Sinnspruch, den man durchaus beherzigen kann. Die jüdischen Freunde hatten also einen guten Sinn für Humor und erteilten dabei eine wirksame Information zur hebräischen Schreibweise."

Fritz machte sich gleich daran, das Gelernte anzuwenden und heraus kam ein sinnvoller Spruch:

> „Da ich war reich auf Erden,
> da wollten alle meine Freunde werden.
> Da ich aber kam in Not,
> da waren alle meine Freunde tot."

Fritz freute sich über das gelungene Spiel mit Wörtern und bedankte sich für die Erklärungen. Er hatte das gute Gefühl, dass das Miteinander mit den Juden ganz lehrreich sein kann, und dass es wohl schon immer auch gute Beziehungen gab.

Oppenheimer

Die siebte Geschichte ist eine wahre Begebenheit, die Günter Engelhardt einfädelte. Sie beschreibt, wie es dazu kam, dass eine Schule eine grosszügige Spende erhielt.

Fritz Weise hatte nun seine erste Stelle als junger Lehrer an einem Gymnasium für Deutsch und Englisch. Die Kreisstadt in Westdeutschland gefiel ihm, hier war alles überschaubar und trotzdem wehte der Flair einer Stadt. Der Unterricht machte ihm Freude, im Kollegium war er bald voll integriert und in der Stadt bauten sich auch immer mehr Beziehungen auf.

Es ergab sich nun, dass die Schule erweitert werden musste, weil der würdige Altbau dem steigenden Raumanspruch nicht mehr genügte. Auf dem Schulhof war genügend Platz für einen naturwissenschaftlichen Neubau für die Fächer Physik, Chemie und Biologie. Die öffentlichen Mittel waren allerdings zu knapp, um modernen Ansprüchen gerecht zu werden. Spenden aller Art waren nötig; da hatte Fritz eine kühne Idee:

Auf der Hauptstrasse der Stadt hatte einst ein jüdischer Mitbürger ein Zigarrengeschäft, der Sohn hatte das Gymnasium besucht, dann war die Familie wegen Hitlers Machtübernahme nach Südafrika ausgewandert. Der Sohn war dort im Diamantenhandel zu grossem Reichtum gelangt und war wegen seiner fairen und geschickten kaufmännischen Art nahezu berühmt geworden.

Der jetzt in Südafrika britische Staatsbürger wurde durch das Royal Government in den Adelsstand erhoben und war hinfort Sir Ernest Oppenheimer. Seine Adresse erfuhr Fritz von einer Bekannten seiner Frau, die den „Sir Ernest" vor Kurzem besuchen durfte, weil ihr das Nachbarhaus von dem ehemaligen Zigarrenladen gehörte.

So machte sich Fritz daran, „Sir Ernest" einen Brief zu schreiben, in dem er ihn auf seinen Schulbesuch im hiesigen Gymnasium ansprach, und fügte in höflich humoriger Form hinzu, dass er somit ein „Ehemaliger" sei. Er stellte darüber hinaus die Situation mit dem Neubau dar, mit der Notwendigkeit, jede Art von Spenden erbitten zu müssen, da die öffentlichen Mittel nicht ausreichten.

Alle Kollegen der Schule belächelten Fritz Weises Versuch, denn ihnen war voll bewusst, wie schuldig wir alle gegenüber unseren jüdischen Mitbürgern geworden waren durch Hitlers Verbrechen an ihnen.

Gross war die Überraschung und Freude, als ein von „Sir Ernest" persönlich handgeschriebener Brief kam, der die Zusage enthielt, der Schule 1.000 britische Pfund zu spenden, die dem Schulleiter für diesen Zweck auch überwiesen wurden. Diese Summe entsprach damals 11.717 DM. Schule, Schulleiter und Fritz Weise waren überglücklich und der Erweiterungsbau konnte bald errichtet werden.

Die Stadt stiftete darauf in den 50er Jahren Oppenheimer einen Gedenkstein, der heute im örtlichen Museum aufbewahrt wird.

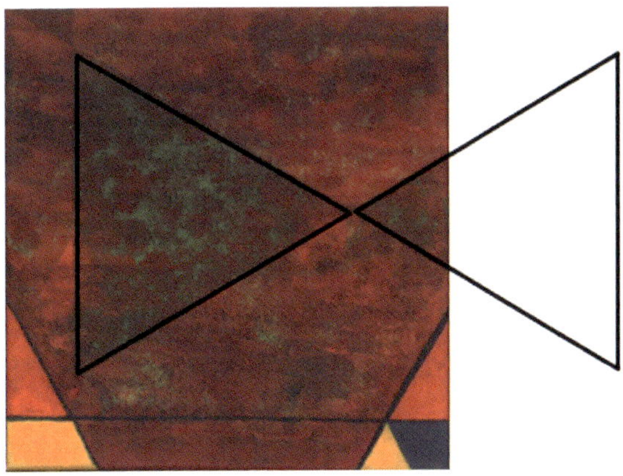

London 1960

In der achten Geschichte gibt es eine zunächst gar nicht realisierte, jüdische Begegnung unter Lehrern, aus der eine lange Freundschaft erwächst.

Fritz wurde als junger, engagierter Lehrer von Sommer 1960 bis Weihnachten für einen Austauschaufenthalt von einer Schule in London ausgewählt. Er nutzte die Gelegenheit und fuhr mit seiner Frau Hedi und dem fünfjährigen Sohn Martin über den Kanal nach Dover. Am Morgen rollte die kleine Familie mit ihrem VW-Käfer von der Fähre, auf der sie die Nacht verbracht hatten, und bald gerieten sie in den schon damals üblichen Stau schon weit vor der Stadt. Das Linksfahren machte Fritz nichts aus, aber er zog es vor, als er in einer Nebenstrasse eine Telefonzelle sah, sich bei der Zieladresse zu entschuldigen, dass er etwas später ankommen werde. Doch er wurde gleich mit dem Bescheid beruhigt: „Don't worry, breakfast is ready." – Er solle sich keine Sorgen machen, das Frühstück sei fertig. Mit der freundlichen Stimme der Gattin des englischen Kollegen im Ohr, fuhren die Drei zum Ziel.

Sie freuten sich, ein Einfamilienhaus mit Garten vorzufinden. Man machte sich persönlich bekannt, Fritz und Hedi auf deutscher Seite mit dem fünfjährigen Martin und Charles und Rita Beebe mit der kleinen Miriam und dem Buben Jonathan auf der englischen Seite. Die Kinder rannten gleich in den Garten, um zu dritt zu schaukeln, Charles schlug vor, hinfort bei den Vornamen Charles und Rita und Fritz und Hedi zu bleiben. Er fügte hinzu, dass die drei Deutschen gern als Gäste bei ihnen wohnen könnten, bis sie in der Stadt eine Unterkunft gefunden hätten.

Fritz und Hedi richteten sich im Gästezimmer ein und man verbrachte den Tag damit, sich mit Haus und Garten vertraut zu machen.

Zum Abendessen versammelten sie sich alle in der Küche und Hedi bereitete für Martin ein Wurstbrot vor mit der mitgenommenen Salami. Da fragte Charles besorgt: „Won't he have bad dreams?" – Er fürchtete, er würde davon schlecht träumen. Doch Hedi war unbesorgt und meinte, die Salami sei Martins Lieblingswurst. Nach dem Essen warf Charles jedem der Erwachsenen ein Handtuch zu und man machte sich gemeinsam ans Spülen und Abtrocknen des Geschirrs. Das fand Fritz eine ausgezeichnete Idee, denn für ihn war es ungewohnt, so zwanglos mit Gästen zu verfahren. Anschliessend gingen alle ins Wohnzimmer und die kleine Miriam spielte etwas auf dem Klavier vor.

Später auf ihrem Zimmer waren Fritz und Hedi von der unkomplizierten Gastfreundschaft der Beebes sehr beeindruckt und man nahm sich vor, ab morgen mit der Suche nach einer Unterkunft zu beginnen, um die Gastfreundschaft nicht zu lange zu beanspruchen. Sie machten sich deshalb am nächsten Tag gleich auf den Weg. Charles hatte ihnen als Ziel ein „Accomodation-Center" empfohlen. Mit der Adressenliste von dort auf Hedis Schoss, fuhren sie die angegebenen Namen ab und fanden in der Nähe der Schule eine gute Zweizimmerwohnung in einem Reihenhaus.

Das Wohnproblem war so noch vor dem Schulstart nach den Ferien gelöst. Jonathan hatte seinen ersten Schultag, alle waren freudig erregt. Charles musste schon früh nach London, Fritz konnte Rita und Jonathan in seinem Auto zur „Primaryschool“ in der Nähe mitnehmen, dann kam das Verabschieden, mit Dank verbunden mit den guten Wünschen für den Anfang.

Die Schule für Fritz war eine grosse Gesamtschule nahe dem Battersea Park. Schnell war Fritz bei allen Kollegen durch Charles eingeführt worden. Das Klima im Kollegium war gut und Fritz fühlte sich bald voll akzeptiert als junger, deutscher Lehrer für Deutsch.

Noch im September sagte in einer grossen Pause ein Kollege zu ihm: „Wir müssen heute mal die Stunden von Charles Beebe übernehmen, denn er ist jüdisch und heute ist der Neujahrstag der Juden.“ Da fiel es wie Schuppen von Fritzens Augen: Daher also die so reizvoll empfundenen Namen der Kinder, Miriam und Jonathan, deshalb also hatte Charles wohlverständliche Vorbehalte gegen die Salamiwurst für Martin. Das machte aber alles keinen Unterschied für seine Einstellung zur Familie Beebe. Mehr noch, wenn er bedachte, wie die jüdische Familie die deutsche Familie so selbstverständlich aufgenommen hatte, dann fühlte er sich nahezu beschämt ob seiner Ahnungslosigkeit. Das Gute war, dass Rita und Hedi inzwischen fast schon Freundinnen waren und zwischen Charles und Fritz war von Anfang an eine gute Freundschaft, die über ihren blossen kollegialen Kontakt hinausging. Und so blieb es während des ganzen Aufenthalts.

Das Programm des Austauschaufenthaltes sah für Fritz vor, dass verschiedene Schultypen besucht werden sollten. Bei einem Besuch in der Mary-le-Bone Grammarschool erlebte er den Ablauf vor Unterrichtsbeginn. Auch hier waren alle Schüler in der Aula zu einem Morgengottesdienst versammelt wie in der Battersea County School. Doch da war ein Feld leer und offen gelassen und er fragte den Headmaster, der neben ihm stand, was dies bedeute. Er sagte ihm, der Platz sei freigelassen für die jüdischen Schüler der Schule. Sie würden zuerst ihren Gottesdienst abhalten, aber gleich hereinkommen. Und so geschah es auch. Da war Fritz sehr beeindruckt und fand dies eine gute Idee.

Kurz vor Weihnachten war der Schuljahresabschnitt beendet, Fritz wurde mit einem Präsent verabschiedet und fuhr mit seiner kleinen Familie wieder nach Deutschland. Aber die Freundschaft mit den Beebes blieb. Es begann mit einem Gegenbesuch in Deutschland und setzt sich fort bis heute.

Besuch bei Freunden

Die neunte Geschichte spielt Ende der 70er Jahre, weckt Gefühle und begegnet Hans Rosenthal beim Plauderstündchen.

Beim Ehepaar Weise war es üblich, dass man sich mit Freunden gegenseitig abwechselnd zu gemütlichen Abendrunden in den Wohnungen traf. Man trank zusammen ein Gläschen Wein und knabberte Salzstangen, machte aber sonst keine grossen Umstände.

Diesmal trafen sie sich bei Thieles. Der Gastgeber wollte auf den Abend musikalisch einstimmen. Er hatte ein Konzert von Franz Liszt ausgesucht, weil er die Kraft und Wirkung dieser Musik besonders liebte. Doch als das Hauptthema vom Prélude einsetzte, zog Fritz die Schultern hoch und wirkte äusserst gepackt und fast erschüttert. Klaus Thiele schaltete sofort ab und fragte, was los sei. Fritz antwortete: „Nimm es mir nicht übel, du bist bedeutend jünger als ich und hast diese Musik erst nach dem Krieg erlebt. Für uns erklang dies immer, wenn im Radio gleich die Ansage von einer Sondermeldung mit einem Erfolg an der Front kam. Wir lauschten dann in höchster Anspannung auf das, was berichtet wurde."

Klaus konnte seinen Freund verstehen. Schnell wechselte er das Thema, indem er Weises nach ihrem Sohn fragte.

Fritz berichtete, dass Martin gut seine Ausbildung zum

pharmazeutisch-technischen Assistenten abgeschlossen habe und nun zum ersten Mal auf eigenen Füssen stehe, und zwar in Berlin. Hedi unterbrach: „Es musste für ihn unbedingt in Berlin sein, er wollte die Stadt, von der sein Vater so viel erzählte, kennenlernen. Fritz fährt einfach nicht mehr dorthin, er tut sich immer noch schwer mit der Teilung und behauptet sogar, Martin würde im Westen den schönsten Teil der Stadt verpassen." Fritz wandte ein: „Nun ja, auch du bist wohl, wie alle Mütter, etwas beunruhigt, aber er muss es gut getroffen haben." Es folgte darauf eine längere Erzählung, die den missglückten Auftakt rasch vergessen liess:

Für Martin war es „einfach Spitze", wie er gern nach seiner Lieblingssendung „Dalli, Dalli" im Fernsehen sagte. Das erste Mal allein in einer eigenen Bude im Dachgeschoss eines Berliner Hauses in Tempelhof. Man hörte unten, wenn alles ruhig war, die U-Bahn rattern. Unten war die Apotheke im Haus. Hier musste er nur einen halben Tag arbeiten. Etwas gespenstisch war es immer, wenn die U-Bahn durch die verwaisten Stationen des Ost-Teiles der Stadt raste, ansonsten hatte Berlin wirklich was zu bieten. Dahlem mit dem botanischen Garten mochte er besonders gern. An heissen Tagen zog es ihn an den Wannsee, herrlich, fast wie am Meer und hübsche Mädchen bzw. „flotte Bienen", wie der Berliner sagt, gab es hier auch.

Der Tag, der eine bleibende Erinnerung bei Martin hervorrufen sollte, fing an wie jeder Berliner Tag: Am Vormittag machte er seinen Job in der Apotheke, genoss es dabei, die Kunden kompetent beraten zu können, am

Nachmittag fuhr er ins Zentrum. In dem Moment, als er aus der U-Bahn wieder ans Tageslicht trat, sah er eine kleine Menschengruppe mit Fotoapparaten bewaffnet, die offensichtlich jemanden erwarteten. Neugierig ging er mit seiner Kamera einfach auch dorthin. Tatsächlich, ein Auto fuhr vor und heraus stieg: Hans Rosenthal! Martin freute sich riesig, seinen Lieblingsentertainer von Angesicht zu Angesicht zu sehen, voller Eifer drängte er sich vor und schoss seine Fotos. Bemerkenswert war dabei, dass er zu spüren glaubte, dass andere Fotoreporter dem, in ihren Augen, jungen Kollegen fast ein wenig den Vortritt überliessen. Wie überall wurde nun versucht, Hans Rosenthal zu interviewen, Martin aber ging zufrieden von dannen.

Hier ergänzte Klaus fragend: „Ob Martin wohl bewusst ist, dass er hier wirklich kurz einen aussergewöhnlichen Mann getroffen hat, der jüdisch ist, es aber nie zeigt, sondern das Gute, Leichte und Schöne betont, obwohl er selbst viel Leid erfahren musste?" „Ja, da hast du recht und unsere Vergangenheit ist eben immer irgendwie dabei", entgegnete Fritz. „Für Martin kann er nur Vorbild sein."

Das Traumschiff

Die zehnte Geschichte handelt von einem Familientreffen in einer Berliner Laubenkolonie und einem kuriosen Erbe.

Im Berliner Bezirk Wedding hatten Verwandte, von der doch noch recht zahlreichen „Berliner Sippe“ von Vater Weise, in einer Laubenkolonie ein mit viel Fleiss ausgebautes Gartenhaus. An einem Wochenende sollte dort zu Ehren von Martin, der nun endlich einmal in Berlin war, ein kleines Familienfest stattfinden. Die lieben Verwandten waren wohl neugierig, einige hatte Martin schon bei Besuchen bei seinen Eltern kennengelernt, jetzt musste er nochmals nachdenken, wen er wohl von der weitläufigen Berliner Verwandtschaft treffen würde: Die Gartenlaube gehörte einem Cousin seines Vaters, Onkel Rudi, seine Frau war Trudchen, die waren mit ihrem Pudel schon öfters zu Besuch. Tante Erna war wohl die Mutter von Onkel Rudi und die Kinder von Rudi und Trudchen, alle etwas älter als er, sollten wohl auch kommen. Martin freute sich auf das Sommerwochenende, denn besonders seinen lustigen, dicke Zigarren rauchenden Onkel, hatte er schon lange ins Herz geschlossen.

Der Tag kam, das Wetter stimmte, das Gartenhaus war gut zu finden, bald sassen alle bei Kaffee und Kuchen am grossen Tisch auf der Terrasse des Häuschens. Reisen wurde bald zum Thema und Trudchen erzählte von ihrem Traumschiff, einer Kreuzfahrt, die ja sehr teuer sei und die sie sich wohl nie leisten könnten. Plötzlich sagte Dieter, einer der Söhne, zu seinem Vater: „Du hast doch hier hinten im Häuschen als kurioses Erbe von deinem verstorbenen Bruder Erich noch einen Koffer. Erich war doch der alte Nazi, vielleicht kann man den Krempel auf dem Flohmarkt verkaufen.“ – Rudi bejahte und hatte nichts dagegen, den Koffer herbeizuschaffen. Das Kaffeegeschirr wurde abgeräumt, der Koffer auf den Tisch gelegt und neugierige Blicke verfolgten die Öffnung: Uniformteile, Parteiabzeichen, mehrere Bücher, auch Hitlers „Mein Kampf“ kamen zum Vorschein. Man legte alles auf den Tisch und bestaunte das Sammelsurium. – Dieter meinte: „Naja, das wird wohl nicht für eine Reise mit dem Traumschiff reichen, aber einen Zuschuss könnte ein Flohmarktverkauf wohl erbringen.“ Nun erzählte Rudi von seinem älteren Bruder: „Erich ist ein unbelehrbarer Nazi gewesen, er hatte immer recht, Diskussionen vermied man lieber. Er war Junggeselle und sein Spleen war das Sammeln dieser Dinge. Als er starb, wurde seine Wohnung aufgelöst und ich habe den Koffer geerbt.“ Ganz unten lag verkehrt herum ein Bild, das Aquarell einer Sommerlandschaft. Das Glas war durch den Druck im Koffer gesplittert, aber der Rahmen hielt alles zusammen.

„Aha, der Hitler!“, rief Rudi, „der hing nämlich in Erichs Stube. Damals waren die sogenannten Kunstwerke des Führers, als er noch Maler werden wollte, in Drucken zu haben. Erich sagte mir, dass ihm das Bild von einem hohen Parteimann geschenkt worden sei, und er nörgelte, es sei nur ein Wandergeschenk; denn er habe es schon früher im Zimmer dieses prominenten Genossen gesehen." – Der Sohn schlug vor, den Druck aus dem Rahmen zu lösen, die Splitter wegzutun und das Bild zum Flohmarkt mitzunehmen. Sie gingen gleich ans Werk und taten die Splitter in den Müll. Bild, Rahmen und Passepartout wurden auf den Tisch gelegt. Dabei fiel ein zusammengefaltetes Papier heraus. Man legte es dazu.

Als das Passepartout abgehoben wurde, war auf dem Bild eine unleserliche Signatur. Rudi drehte es um und hinten stand DONAUTAL drauf und die Jahreszahl 1911. Martin stutzte. Das Papier war von anderer Qualität als bei einem Druck. „Ich glaube", sagte er, „das ist ein echtes Aquarell. Das heisst natürlich nicht, dass es von Hitler gemalt ist." – „Aber lasst uns doch mal gucken, ob auf dem Papier was drauf steht!" – Rudi nahm es, klappte das Papier auf und sah, dass es ein handgeschriebener Brief war. Er las langsam vor:

Linz, den 3.Oktober 1911

Sehr geehrter Herr Hitler,

geben Sie es auf, mir Ihre Bilder anzubieten. Da fehlen Komposition, Gestaltungskraft und Originalität. Das gilt auch für das beigefügte ‚Donautal'. Ich rate Ihnen, es überhaupt aufzugeben. Ein großer Kunstmaler werden Sie nicht werden. Beschließen Sie, etwas anderes zu werden. Verübeln Sie mir bitte nicht meinen väterlichen Rat.

Mit vorzüglicher Hochachtung,
B. Seligmann, Kunsthändler.

Alle waren still, – Rudi fand zuerst die Sprache wieder. „Muttchen", sagte er zu seiner Frau, „wir wissen nicht, welchen Weg das Bild gegangen ist, und warum dieser Brief mit eingelegt wurde. Aber es ist alles echt.

Wir haben den Rahmen noch nicht weggeworfen, und man wird alles untersuchen, wenn wir es am richtigen Ort den richtigen Leuten vorlegen. Der Adolf Hitler ist ja, Gott sei Dank, nicht mehr so hoch im Kurs, wie er leider einmal war, aber das mit dem Brief, das will ich noch klären. Vielleicht werden ja doch noch Träume wahr." Sie taten alles wieder in den Koffer und der Rest des Nachmittags verlief mit angeregten Gesprächen über Bild und Brief. Martin machte den Vorschlag, mit seinem Vater zu telefonieren. Wenn er recht informiert sei, kannte der einen Kunsthändler.

Tatsächlich wurde bald rege telefoniert, Fritz Weise wohnte bei einer Kurstadt „im Westen", deren Synagoge durch günstige Fügung vor und während des Krieges nicht zerstört wurde. Hier rief er im Sekretariat an und liess sich mit Herrn Goldschmidt verbinden; ihn kannte er von Schulbesuchen in der Synagoge. Herr Goldschmidt hatte ihm doch von seiner Leidenschaft, dem Kunsthandel, erzählt. Er könnte der richtige Ansprechpartner sein; tatsächlich wurde er bei dem Namen Seligmann hellhörig und erzählte, dass dieser einst ein bekannter jüdischer Galerist gewesen sei, der vor dem „Anschluss", also dem Einmarsch der Deutschen, rechtzeitig nach USA emigrierte. Er habe in Detroit gute Kontakte mit Kunsthändlern aufnehmen können und wurde nochmals ein erfolgreicher Galerist. Er starb 1957 mit fast 90 Jahren und sei noch immer in Fachkreisen bekannt.

Rudi und Trudchen machten sich bald auf zu einem Besuch beim Ehepaar Weise. Ein Treffen mit Herrn Goldschmidt wurde in einem Hotel der Kurstadt vereinbart. Das Hitlerbild und der Brief wurden mitgebracht. Herr Goldschmidt konnte nach einer kurzen Überprüfung bestätigen, dass Hitlerbild und Signatur echt seien, ebenso der handgeschriebene Brief. Der Wert wurde höher angesetzt, als je erwartet. Herr Goldschmidt konnte später alles gut verkaufen und Trudchens Traumschiffreise wurde zu guter Letzt doch noch wahr.

Im Gebirge

Die elfte Geschichte erzählt von einer abenteuerlichen Rettung nach einem harmlosen Spaziergang in den Alpen.

Fritz und Hedi Weise waren Kurgäste in einem sehr guten Hotel am Fusse des Stockhorns im Berner Oberland. Sie erfreuten sich an der herrlichen Landschaft und den Angeboten des Hotels mit den Möglichkeiten interessanter Ausflüge. Herr Weise war seit dem Ende des Schuljahres Pensionär und beide waren sehr zufrieden, dass sie mit ihrem Auto nun kleine Reisen unternehmen konnten, fremde Kontinente verlockten sie weniger. Sie genossen ihre Zweisamkeit, nachdem die junge Generation aus dem Hause war, und empfanden neue Kontakte mit anderen Gästen im Hotel als durchaus angenehm. Heute wollten sie auf den Gipfel des Stockhorns, denn das Wetter versprach einen klaren, sonnigen Tag.

Sie fuhren mit der Gondel hinauf bis knapp unter den 2190 m hohen Gipfel. Hier gab es etwas Besonderes: einen etwa 70 m langen Tunnel zu den „Stockhorn-Augen“, künstliche Löcher mitten in der Felswand, von denen sich ein grandioser Ausblick auf das Berner Mittelland ergibt. Fritz und Hedi beschlossen, auf der Terrasse des Gipfel-Restaurants eine Kleinigkeit zu essen und dabei weiter die herrliche Aussicht auf das Berner Oberland zu geniessen.

Vor der Abfahrt mit der Kabine wieder hinunter ins Tal,

äusserte Fritz den Wunsch, lieber zu Fuss bis zur Mittelstation hinunter zu stapfen.

Während der Auffahrt waren doch Wanderer zu sehen und der Weg sei sicher gut ausgeschildert. Seine Frau war lachend damit einverstanden und war sogar stolz auf ihren „alten Herrn“, der noch so sportlich sein wollte.

Der Abstieg war steiler als gedacht und führte unten noch vor der Mittelstation durch einen Tannenwald. Der warme Spätsommertag ging allmählich in den Abend über und die sich ständig verändernde Landschaft war ein Genuss. Vorsichtig folgte er den abwärtsführenden Pfaden. Als er durch eine Kehre kam, sah Fritz eine sitzende Gestalt. Es war ein zierlicher, älterer Mann. Nach dem üblichen „Grüezi“ fragte er den Mann, ob er ihm helfen könne, denn seine Kleidung war am Ärmel eingerissen. „Das kommt davon, wenn man in meinem Alter noch versucht abzukürzen“, sagte er darauf. Er war, um eine Kehre zu sparen, direkt heruntergeklettert, dabei gerutscht und über Geröll und Gras herunter getrudelt, bis ihn ein Busch hier abfing. Hier hockte er nun und ihm täte alles weh. Ein Blick hinunter zum Wald liess Fritz erwidern, dass der steile Rest wohl mehr als Knochenbrüche gekostet hätte. Er bat ihn nun aufzustehen, der zuckte aber gleich unter stechendem Schmerz zusammen. Auf den Vorschlag des Mannes, Fritz solle weiter absteigen und Hilfe heraufschicken, ging er nicht ein. Er sagte hingegen, dass er ihn jetzt huckepack nehmen und tragen werde, bis sie zu einer Stelle kämen, die geeigneter für eine Rast wäre; scherzend fügte er hinzu, warum er nicht einmal den Christophorus spielen solle. Der Mann gab jedoch zu bedenken, dass er ein Jude sein könne. „Na und“, meinte Fritz darauf, „das macht keinen Unterschied, das Jesuskind ist ja auch ein Jude gewesen.“ Fritz nahm den Mann auf den Rücken und stieg vorsichtig abwärts. Dabei stellte er fest, dass der Andere ein rechtes Fliegengewicht war. Bald kamen sie auf einen breiteren Weg, der geradewegs durch den Wald weiterführte und bereits die Höhe der Mittelstation zu haben schien. Da stand auch eine Bank, auf die sich beide setzen konnten, und Fritz stellte sich nun erst einmal vor. Der Andere erwiderte mit Felix Landauer, Pensionär aus Zürich. Jetzt machte Fritz selbst den Vorschlag, dass er den Weg vorangehen werde, um zu erkunden, wohin er führt. Herrn Landauer empfahl er, sich auf die Bank zu legen und er deckte ihn noch mit seinem Pullover zu. Jetzt im Herbst, wird es ja bekanntlich nach Sonnenuntergang rasch kühl. Fritz ging auf dem Weg weiter und entdeckte bald eine Hütte, in der schon Licht brannte. Er rief und heraus kam ein Bauer, der gar nicht überrascht war. Man begrüsste sich und Fritz stellte die Situation dar. Der Bauer sagte, dass hier die Höhe der Mittelstation sei und er oft von Touristen geholt werde, die seine Hilfe bräuchten. Gemeinsam machten sie sich auf den Weg zu Herrn Landauer. Inzwischen war es schon recht dunkel geworden, die Seilbahn hatte den Betrieb eingestellt. Bei der Bank angekommen, weckten sie den auf ihr eingeschlafenen Herrn Landauer. Dann fuhren alle miteinander zur Mittelstation. Dort holte der Bauer einen grossen Schlüsselbund aus seiner Hosentasche und ein eindrückliches Tun begann: Mit seinem Schlüssel Nr. 1 öffnete er die dort hängende Talfahrtgondel. Der Verletzte wurde hineingetragen. Dann ging er zur Koje des Seilbahnwärters, öffnete sie mit Schlüssel Nr.2 und entriegelte mit Schlüssel Nr.3 das Telefon. Das Verkehrsamt unten wurde unterrichtet und man sagte zu, dass man den unteren Abschnitt der Bahn in Gang setzen und Frau Weise im Hotel unterrichten werde. Beide Männer bedankten sich für die entscheidende Hilfe beim Bauern.

In der Gondel empfanden beide das Komische ihrer Situation und mussten leise schmunzeln. Da sprach Fritz Herrn Landauer auf seinen schönen Vornamen Felix an. Der sagte, seine Eltern seien über seine Geburt so glücklich gewesen, dass sie ihn Felix nannten. Sein Vater sei Arzt in Berlin-Pankow gewesen. Er habe tatsächlich jüdische Wurzeln und hätte eine sehr schöne Kindheit dort verbracht, dann kam Hitler. Seine Eltern schickten ihn auf eine Internatsschule hier in der Schweiz. Erspartes von ihnen sicherte seinen Lebensunterhalt für länger als die Schulzeit. Seine Eltern blieben weiter in Pankow, denn sein gutmütiger Vater vertraute den Patienten da im Norden Berlins. Nach 1936 sollte er in den Ferien lieber nicht mehr nach Hause kommen. Ob sie 1938 noch die Nachricht von seinem Abitur erhalten haben, wisse er nicht. Jeder Kontakt riss ab. 1944 habe er über Emigrantenfreunde erfahren, dass sie den Weg aller anderen zu gehen hatten. Er entschuldigte sich, dass er damit gekommen sei, aber dies habe die Frage nach seinem Vornamen ergeben.

Beide sassen darauf noch eine Weile still in der dunklen Gondel, dann ging das Licht an, es surrte in den Drähten und die Gondel fuhr langsam hinab. Das Wippen beim

Überfahren der Tragmasten gab das Gefühl der Zuversicht auf gute Ankunft und guten Ausgang des kleinen Abenteuers. Herr Landauer drückte ganz fest die Hand von Fritz und bedankte sich für die geleistete Hilfe. Zuletzt mussten beide dann wie erlöst lachen, weil in der hell erleuchteten Talstation ein volles Sanitätskommando mit Tragbahre bereitstand, und sie freuten sich von Herzen über die Zuverlässigkeit der Schweizer Bergwacht.

Das Wiener Café

In der zwölften Geschichte gibt es noch eine fast alltägliche, trotzdem besondere Begegnung zwischen zwei pensionierten Herren.

In unserer Stadt ist ein Wiener Café. Es hat vermutlich diesen Namen bekommen, weil es ganz vorzügliche Wiener Konditorwaren anbietet. In einem Raum sind Tische für zwei Personen gegenüber so angelegt, dass man an einer Seite die Wand des Raumes hat und als Einzelgast schön für sich ist. Fritz Weise war nun ein pensionierter Oberstudienrat und an jedem Freitagnachmittag nahm er seine Tageszeitung mit ins Café, von der er ein Blatt so kniffte, dass nur die Seite mit dem ihm wichtigen Kreuzworträtsel zu sehen war. Dieses Rätsel unterschied sich von anderen dadurch, dass es viel schwieriger war. So sass er also bei einem Kännchen Kaffee und einem Stück der guten Torten, und der Kellner begrüsste ihn bereits als seinen Dauergast. Der Tisch war allerdings durch Zeitung, Kaffee und Kuchen jedes Mal voll belegt, aber das war auch die Absicht des bleistiftbewaffneten alten Herrn.

Nun geschah es eines Tages, dass zwei Tische entfernt, ihm gegenüber, ein anderer alter Herr die gleiche Prozedur vollzog wie er, und dies tat er ebenso regelmässig an jedem Freitagnachmittag. Fritz Weise setzte indessen sein Tun unbeirrt fort und sah nur zuweilen in Denkpausen zum anderen hinüber. Einmal reizte es ihn jedoch, jenen anzusprechen, und er fragte ihn: „Knobeln Sie auch am

Kreuzworträtsel?" – „Ja", war die Antwort, „und ich glaube, es ist sogar das Gleiche wie das Ihre." Sie lachten beide, gingen dann gemeinsam zu einem Vierertisch und setzten sich gegenüber, jeder mit seinem Rätsel vor sich.

Fritz stellte sich kurz vor: „Fritz Weise, Oberstudienrat, nun Pensionär." Der andere tat das Gleiche und sagte: „Jonas Buber, auch Rentner." Sie lächelten und Fritz murmelte: „Könnte es sein, dass wir beide Opfer des GANG GO SYNDROMS sind?" „Was ist denn das?", wollte der Andere sofort wissen. Fritz erklärte, dass dies scherzhaft so genannt wird, weil die Ehefrauen gern einmal eine Weile für sich sein wollen und z.B. mit einem Auftrag ihre Männer fortschicken. Es heisst dann „Gang go ...", also „geh doch und hole mir ..." Da lachte Herr Buber und sagte, er wisse tatsächlich, dass seine Frau gerne am Freitagnachmittag mal ein Stündchen für sich hätte.

Sie fuhren mit dem Lösen ihrer Rätsel fort und Fritz erfreute Herrn Buber mit Angaben zu Namen und Gestalten, wenn es um Begriffe aus der Literatur oder der Antike ging. Herr Buber bewunderte Herrn Weises Kompetenz, doch der meinte, dass er als gewesener Lehrer da schon ein wenig Bescheid wissen müsse. Als er aber bei einem mittelalterlichen Ritualbad mit fünf Buchstaben – vorn mit M – am Ende seiner Weisheit war, konnte ihm Herr Buber gleich mit der richtigen Lösung helfen, nämlich dass es sich um die „MIKWE" handelt. Und er ergänzte, dass er dies als Jude eigentlich sofort wissen müsse. Er sei zwar als ehemaliger Geschäftsmann nicht immer so sicher in Literatur und Geschichte, aber er kenne sich in seiner

Religion gut aus. Er meinte deshalb: „Wenn wir zwei uns zusammentun, dann hat der Rätselmacher dieser Zeitung einen schweren Job." – Und sie lachten wieder.

Nach dem Kaffeestündchen wieder bei sich zu Hause, dachte Fritz noch einmal über das Treffen nach und freute sich schon auf den nächsten Freitagnachmittag …

Wir verstehen uns jetzt alle endlich wieder gut mit unseren jüdischen Mitbürgern, allerdings spielt die persönliche Wirkung aufeinander auch eine Rolle, denn beim gemeinsamen Lösen des Rätsels sagte Herr Buber zum Beispiel niemals: „Ich gehe davon aus, dass die und die Lösung stimmt." Er vermutete höchstens.

Wie nützlich wäre das Vermuten doch im Munde mancher Politiker, denn mit den Worten „Ich gehe davon aus …", behauptet man gleich, einer Sache so sicher zu sein, denkt, dass der Andere Konsens hat und es nicht wagt, eine Gegenmeinung zu äussern. Herr Buber fügte auch nie an seine Lösungsvorschläge ein strenges „Oder?" an, was im Umgang miteinander eigentlich eine Aufforderung zum Widerspruch wird. Man nennt das heute Streitkultur. Aber müssen wir denn fortwährend streiten, nur um uns als echte Kämpfer für eine Sache zu erweisen? – So und ähnlich dachte Fritz und nach seiner Meinung, sollten wir alle etwas behutsamer miteinander umgehen.

Gedanken zu den Bildern von Evelyn Gmelin

Beim Malen ist vieles Intuition, trotzdem gibt es Vorstellungen, tief im Inneren Vorhandenes und Gewolltes. Mit Gedanken zur Zahlensymbolik und Zahlenmystik soll der spirituelle Inhalt angesprochen werden.

Das Titelbild ist der Davidstern in neun Variationen auf 30 x 30 cm grossen Bildteilen. Die Teile zusammen betrachtet, ergeben den gelben, grossen Davidstern. Das Gesamtbild ist 90 x 90 cm.

Die Drei steht für das Umfassende (Vater, Mutter, Kind), für die Vermittlung (These, Antithese, Synthese) und für das Himmlische, denn sie ist Zahl der Trinität (Vater, Sohn, Geist), der umfassend verstandenen Gottheit im Christentum. Wir kennen die Redewendung: „Aller guten Dinge sind drei", es ist die Zahl des ganzen Menschen aus Körper, Seele und Geist.

Die gleichschenkligen Dreiecke im Davidstern: Schon in der Kabbala wird der Davidstern im Mittelalter zum Symbol, das die Verwobenheit der göttlichen und menschlichen Sphäre zum Ausdruck bringt. Zwei gleichschenklige Dreiecke, die wiederum ein Symbol der Prinzipien des Männlichen und Weiblichen, Feuer und Wasser sind, werden ineinandergeschoben.

Die Neun gilt als eine „unzerstörbare Zahl“, denn neun ist auch die Zahl des Kreisumfangs, daher seine Einteilung in 90 Grad und in 360 Grad für den vollständigen Umkreis. Jede einstellige Zahl, die mit neun multipliziert wird, ergibt eine Summe, die als Quersumme wieder neun hat, deshalb wird sie als Symbol der unveränderbaren Wahrheit gesehen. Auch wenn neun zu einer Zahl addiert wird, bleibt die Quersumme unverändert.

Neun steht für reine Intelligenz, göttliches Bewusstsein.

Das Bild, welches in zwölf Teilen, die wiederum 30 x 30 cm gross sind, zwischen die Geschichten gestreut ist und hier am Ende auf einer Doppelseite als Ganzes zu sehen ist, soll die Diaspora andeuten. Jeder Teil kann für sich stehen, nicht immer ist der Zusammenhang gleich zu erkennen. Hier wird freier mit dem Davidstern umgegangen, trotzdem ist er in der Zusammensetzung gleich mehrfach zu erkennen.

Die Zahl Zwölf als 3 x 4 ist die Vereinigung der Zahl des Irdischen und der Zahl des Himmlischen. Bei Vier müssen wir nur an die Himmelsrichtungen, Jahreszeiten, Elemente und Lebensphasen denken. Zwölf ist das vollständig Gewordene.

Die Grundlage unserer Zeiteinteilung ist zwölf, wir haben zwölf Tierkreiszeichen. Im Judentum ist zwölf die Zahl der Söhne Jakobs und damit der Stämme Israels. Nach diesem Vorbild ist sie im neuen Testament die (idealtypische) Zahl der Jünger Jesu. Unsere Europa Fahne hat zwölf Sterne, das wurde 1955 festgelegt.

Ich habe hier nur einige, wenige Denkanstösse gegeben, selbstverständlich liesse sich noch sehr viel mehr dazu sagen. Eine Aussage zu den Farben wird absichtlich unterlassen, da damit am direktesten Gefühle angesprochen werden. Das Wenige soll nur ein Sprungbrett zum weiteren Meditieren sein, wenn dabei die Bilder betrachtet werden, erfreut es mich.

Vita

Günter Engelhardt ist Germanist und Anglist. Seine berufliche Kariere führte ihn vom Studienrat zum leitenden Schulamtsdirektor. Er lebt bei Frankfurt am Main und geniesst, immer noch dichtend, seine Pensionierung. Er erzielte mit seinen Werken beachtliche Erfolge im Bekanntenkreis, nun wagt er den Schritt an die Öffentlichkeit.

Evelyn Gmelin, seine einzige Tochter, lebt bei Basel. Sie betreibt die Malerei halbprofessionell, denn sie ist Apothekerassistentin, studierte Kunstgeschichte und Gesellschaftswissenschaften und ist nun als Katechetin an Grundschulen bei Basel tätig. Künstlerische Erfolge erzielte sie bei Ausstellungen in Deutschland und der Schweiz.